Conversaciones que Hacen Una Diferencia

Insights y
Distinciones

Ensayos de Landmark Volumen 1

Conversaciones que Hacen Una Diferencia

Insights y
Distinciones

Ensayos de Landmark Volumen 1

Nancy Zapolski, Ph.D.

Joe DiMaggio, M.D.

LandmarkEducation

Conversaciones que Hacen Una Diferencia: Insights y Distinciones–
Ensayos de Landmark, Volumen 1

Derechos reservados ©2011 por Landmark Education

Publicado por
Landmark Education
353 Sacramento St., Ste. 200
San Francisco, CA 94111

ISBN 978-0-9821605-8-9

Impreso en los Estados Unidos de América

Primera edición

Para los graduados de Landmark en cualquier lugar.

Tabla de contenido

Una nota de
los Autores

Cuando algo nos mueve, nos transforma, nos hace sentir y pensar en una forma nueva, se puede considerar como una medida de grandeza. Landmark y sus programas tienen ese tipo de grandeza. La tecnología de Landmark está diseñada para proporcionar un giro en la perspectiva, una visión ampliada de lo que es posible y de lo que tenemos al alcance al ser humanos. Este giro se logra, en parte, al presentar un tapiz de distinciones lingüísticas y terminología que enriquece y transforma la manera en que investigamos *la naturaleza de ser humano*. Estas distinciones permiten un mayor acceso hacia dimensiones de nosotros mismos, y nuestro compromiso con los demás, que quizás no hayamos explorado completamente antes.

Este libro, una colección de artículos que aparecieron por primera vez en el boletín trimestral de Landmark, explora algunos de los principios que subyacen en la tecnología de Landmark. Presenta lo que es posible si nos salimos de lo que sabemos y reconocemos y aceptamos nuestra capacidad de generar una posibilidad totalmente nueva de vida, no sólo porque es mejor, sino simplemente porque es lo que los seres humanos podemos hacer.

Estos ensayos no son una versión escrita de los programas de Landmark, que constituyen eventos vivientes que se desarrollan en la comunidad y no se pueden poner por escrito. Más bien, los ensayos presentan algunas de las *distinciones* y *puntos indagados* que abordan los programas en una forma única, poderosa y transformadora.

–Nancy Zapolski, Ph.D. y
Joe DiMaggio, M.D.

Landmark: Ensayo 1

Si no fuera mi pasado, ¿quién sería yo?

No tiene sentido intentar cambiar el pasado. Mientras que tener claridad sobre su enorme influencia, positiva y negativa, sí lo tiene. Philip Roth, un novelista leído en todo el mundo, llega al corazón de esto en este pasaje sobre las relaciones humanas:

¿Qué había pasado? Nada particularmente original. Tuvimos una riña, la primera, nada más que eso. Lo que encendió el resentimiento fue, por supuesto, su papel de la hija de mamá frotándose contra el mío del hijo de papá, nuestra primera riña ni siquiera había sido nuestra. Entonces, la batalla que inicialmente afecta a la mayoría [de las

5

relaciones] por lo general es eso: el gusano del sueño siempre es el pasado, ese impedimento a toda renovación.[1]

Intentar resistirnos, cambiar o evitar la enorme influencia del pasado nos mantiene tontamente enfocados en él. No obstante, somos reacios a dejarlo atrás, renuentes a transformar ese arraigo dominante que tiene en nuestras vidas presentes. No hacerlo, sin embargo, resulta en un continuo sin fin de vivir un "ahora" que está lleno del desecho del pasado. No hay mejor lugar para ver este juego que en nuestras relaciones.

Cuando Tom y yo nos casamos teníamos nuestras riñas. En mi familia, al crecer, considerábamos que las riñas eran normales, sanas y, me apena decir, incluso disfrutables. Cada vez que Tom y yo incluso nos acercábamos a la posibilidad de una riña, él se desafanaba con cortesía y simplemente se iba. En un principio yo no lo entendía. Para mí, reñir y discutir era una forma de comprometerme y solucionar las cosas con la gente que me importaba–yo había visto que esto funcionaba una y otra vez. Había pasión, calor, drama–lo consideraba una parte especial de mi herencia italiana. Tom pensaba que reñir significaba que algo estaba mal–implicaba conflicto y disgusto. Él había sido criado en una familia en la que las riñas se consideraban como mala educación, y simplemente no existían.

Si tomamos el área de las relaciones, un lugar (si

6

podemos llamarlo así) en el que pasamos mucho tiempo, el fenómeno de la temporalidad (pasado, presente y futuro) es un elemento toral a la manera en que se desenvuelven las cosas. Cuando estamos en una relación con otros, además de aportar el *pasado* que podamos haber tenido a la relación, también implícita, inherente e incorporada está la orientación al *futuro*. Debido a esta orientación al futuro, en especial cuando se trata de temas tales como el matrimonio o iniciar una nueva sociedad de negocios donde sabemos que comprometemos algo para un periodo muy, muy largo, existe la presión añadida de hacer que las cosas funcionen.

Imaginemos por un momento que hubiera cuatro formas diferentes en que nos pudiéramos relacionar con el futuro: un futuro *esperado* (uno en el que podríamos desear que no lloviera tanto durante los meses de invierno, o uno en el que ganáramos la lotería, por ejemplo), un futuro *inevitable* (envejecer, es inevitable), un futuro *planeado* (quizás agregar a nuestros ahorros, o lograr darles una educación universitaria a nuestros hijos), y finalmente un futuro *probable casi seguro* (uno que casi seguro será lo que suceda en realidad).

Cada uno de estos cuatro tipos de futuro tiene un grado diferente de influencia. Un futuro esperado probablemente no nos impactará con demasiada fuerza, mientras que uno planeado nos dará enfoque e impulso, pero no necesariamente fuerza. El que realmente tiene fuerza y potencia es el futuro probable casi seguro, ya que de hecho es el que es más seguro que suceda.

Si somos francos con nosotros mismos, nuestro futuro probable casi seguro posiblemente ya nos sea bastante claro, ya lo vemos suceder. Y digamos que el futuro no corresponde realmente con el que queríamos. Cuando vislumbramos éste o cualquier otro futuro que no nos gusta, nuestra primera respuesta podría ser decir algo como, "Ah bueno, aunque las cosas no salieron como yo pensé que lo harían" (o son un poco complicadas y frustrantes), "me siento bien con eso". Después de todo, pensamos, otras áreas de nuestras vidas funcionan, entonces dejemos pasar ésta. Realmente no tenemos que arreglar o cambiar nada. Todo se equilibrará. Sin embargo, cuando nosotros acomodamos las cosas así en nuestras mentes, o hacemos esos acomodos, no hay posibilidad real, básicamente nos inscribimos a un futuro no deseado.

Es un tema de temporalidad. Nuestras experiencias pasadas parecen ser las que mandan. Veamos cómo funciona: Cuando tenemos un mal día, o una mala experiencia, ponemos esa experiencia pasada en nuestro "futuro", como algo que tememos *sucederá* de nuevo en algún momento, y algo que queremos asegurarnos que *no* suceda de nuevo. O si hemos tenido un día estupendamente bueno y algo salió bien, guardamos esa experiencia pasada hacia el futuro también, esperando recrearla lo más cercanamente posible. De manera que, básicamente, tomamos nuestras experiencias y circunstancias, que están detrás de nosotros, y ponemos las decisiones sobre ellas, cómo nos sentimos y lo que pensamos al respecto, frente a nosotros. Al hacerlo, nos encajonamos en relacionarnos al pasado como si fuera a suceder de nuevo en el futuro. Esa es la manera en que funcionamos.

Cuando reconocemos y podemos *estar* con el futuro probable casi seguro (sin cambiarlo, arreglarlo, sucumbir a él, pero siendo responsables de él), se empieza a abrir un espacio en el que podemos completar algo e inventar algo. (Completar el pasado es sumamente poderoso en y por sí mismo.) Tom y yo nos reímos ahora sobre nuestros respectivos pasados; en lugar de que sean un problema, nos están enriqueciendo profundamente. Si sacamos de nuestro futuro todo lo del pasado que inadvertidamente hemos colocado allí, y lo volvemos a poner en el pasado, entonces el futuro es *nada*. *Nada* como un "claro" en el que podemos ser totalmente nosotros mismos. Es de la *nada* de donde se puede vislumbrar un *futuro creado*. Si vamos a crear un futuro—en nuestras relaciones, nuestro trabajo, nuestras vidas—es cuestión de *decirlo*. No depende de algo, depende de *nada*. Y esa es la base para posibilidad. Al crear *posibilidad,* empezamos a saber lo que es posible de ser humano.

Landmark:
Ensayo 2

Algo acerca de nada

JOE DIMAGGIO, M.D.

Hace cientos de años los filósofos chinos decían, *no hay nada escrito*. La autora canadiense Margaret Atwood contemporiza esa noción en uno de sus libros:

Desde temprana edad yo sabía que mi ambición era ser parte de un guión cinematográfico. O varios guiones; pensé en ello como una carrera. Pero no llegó ninguno a mi vida. Hay que solicitarlos, me dijo un amigo. Él había estado en eso, así que tomé su consejo y me fui a la fábrica de guiones. Como siempre, había una entrevista. Entonces, dijo el joven aburrido detrás del escritorio, te crees que tienes lo que se necesita para estar en un guión. ¿Qué tipo de personaje tienes

13

en mente? Podrías ser el mejor amigo. O podrías ser el vecino de junto, que aparece para conversaciones amistosas. O podrías ser un tipo con conocimientos—como un coach. O podrías ser una persona sabia.[1]

Te hace pensar, ¿no crees?... sobre un lienzo en blanco sobre el cual podemos imaginar una infinidad de personajes y las líneas de un guión para la manera en que se podrían representar nuestras vidas. Podríamos incluso probar las aguas—empezar de nuevo en un nuevo país, cambiar de carrera después de 20 años, cambiar de religión, dejar todo lo que sabemos y recorrer el mundo en un velero—o simplemente meditar cómodamente en la seguridad de nuestra imaginación. Cada una de estas incursiones, ya sea real o imaginaria, es una exploración entre *algo* y *algo más*. Sin embargo, lo que quiero explorar aquí no es algo—es *nada*.

Si observamos nuestras vidas, y las de otras personas, vemos mucha actividad y comportamientos que claramente no funcionan y son contraproducentes. ¿Por qué hacemos eso? Si incluso antes de que lo hagamos, sabemos que no va a funcionar, ¿por qué lo hacemos? La respuesta por lo general es porque tenemos algún apego a la importancia de lo que experimentamos o lo que creemos que significa. Es como decirnos a nosotros mismos, "Bueno, las cosas son de una manera, por lo tanto, tenemos que manejarlas de una forma en particular". No nos damos cuenta de que el nivel de información que estamos manejando está microscópicamente limitado respecto a lo que es posible.

Otra forma de decirlo es: Nacemos y nos enseñan lo que nos enseñan, la cultura nos pasa lo que sea que nos pase, nuestras familias y sistemas educativos nos enseñan lo que se supone debemos aprender. Y nos apegamos fuertemente a ello, porque para ser aceptados, buenos, o al menos funcionales, necesitamos saber *algo*. No obstante, parece que realmente nunca cuestionamos los apuntalamientos de lo que sabemos.

Terminamos con una visión de nosotros mismos que básicamente aceptamos tal cual. Tenemos un cierta idea de cómo desarrollamos este rasgo o esa peculiaridad, esta conclusión o esa creencia. Decimos que la vida significa esto o aquello, o que quieres decir esto o aquello, o que mi vida es acerca de esto, pero debería ser acerca de aquello. Kurt Vonnegut dice en su libro, *Deadeye Dick*, "Atrapé la vida. Me infecté con la vida. Era un manojo de nada indiferenciada y después una pequeña mirilla se abrió de repente. La luz y el sonido empezaron a entrar. Las voces empezaron a describirme y mi alrededor. Nada de lo que decían podía ser apelado. Decían que yo era un niño, de nombre Rudolph Waltz, y eso era todo. Decían que era el año 1932, y eso era todo. Decían que yo estaba en Midland City, Ohio, y eso era todo. No se callaban. Año tras año, apilaron detalle tras detalle. Aún lo hacen.

¿Saben lo que dicen ahora? Dicen que el año es 1982, y que tengo 50 años…. Blah, blah, blah."[2]

Al igual que el personaje de Vonnegut, podemos ver que *quienes somos* vino de lo que nos dijeron, de los lugares en donde vivimos y las experiencias que tuvimos, en su mayoría cuando eramos jóvenes y aprendíamos a manejar la vida. En el camino tomamos decisiones para salir de las circunstancias que encontramos, digamos, cuando teníamos 5 ó 7 ó 10 años. Esas decisiones funcionaron para nosotros en ese momento. Debajo de esta forma de actuar subyace un tipo de absurdo como si lo que somos hoy fuera simplemente una compilación de esas formas de ser que conjuntamos entonces. Obviamente, no es que estemos atorados con esas formas de ser, tampoco es lo que somos inherentemente. Entonces la pregunta es, *¿quiénes somos inherentemente?* Quizás nada–quizás no hay una forma inherente de ser. Quizás en esos apuntalamientos está… la nada.

Vivimos en un mundo en el que se le da un significado prácticamente a todo, pero no como si fuéramos nosotros los que pusiéramos el significado allá afuera. Pensamos que está *realmente* allá afuera. Si le quitamos el significado a la vida, entonces ¿qué es lo que hay realmente allá afuera? Quizás nada. Este encuentro con la nada puede ser una tarea difícil para cualquier ser humano, ya que estamos cableados para percibir todos

16

los fenómenos como algo lleno de significado. Hay cosas allá afuera, el sol, un camino, un árbol, una lámpara, un amigo. Pero, ¿qué significa ese árbol? ¿Significa el árbol, *que lo colocaron aquí para que yo me pueda sentar a su sombra a leer*? ¿O el árbol es simplemente un árbol? ¿Qué pasaría si por un momento le quitamos el significado específico que le hemos dado a un árbol que está allí, o a las cosas que sucedieron en nuestras vidas, y entonces nos preguntamos, qué hay realmente allá afuera? Quizás no haya nada inherentemente allá afuera—las cosas son simplemente como son.

Esta noción de nada o de la nada ha sido ponderada por los filósofos a lo largo de los siglos. "Nada" nos pone cara a cara con la maleabilidad de nuestros significados actuales, es la antítesis al punto de vista del sentido común de nuestra cultura. Es nuestra estructura del significado lo que define nuestra relación individual con el mundo y nos da un asimiento confiado de nuestra identidad, la que crecimos creyendo como fundamental para una vida humana saludable. Para encontrar a la *nada* como una libertad, primero debemos pasar a través y más allá de nuestra resistencia inicial y natural a esa mera idea.

Uno de los elementos esenciales de la tecnología de Landmark es que logra poner a nuestra disposición este giro transformacional con la *nada*. La *nada* es esquiva— la nada, como tal, desaparece. Si bien podemos tenerla y perderla una y otra vez, tenerla al menos una vez es una experiencia de la que nunca nos recuperamos. La importancia de un encuentro con la *nada* yace en la relación fundamental de la nada con el *ser*. *Nada*, o *no ser*, es el otro lado de ser; y al igual que no podremos entender completamente la luz hasta que experimentamos la oscuridad, una apertura total a lo que está disponible en ser humano requiere una apertura equivalente a la nada—un elemento esencial de la transformación. Cuando podemos acceder a la *nada*, podemos crear, diseñar y vivir con una libertad que no está disponible cuando creamos desde *algo*.

Pero la *nada* que tenemos disponible para experimentar no es una nada como la negación del ser. Una experiencia transformadora de la *nada* no elimina nuestra identidad, nuestra identidad simplemente ya no se ve como algo que define, en forma alguna, los límites de lo que es ser humano, en la misma forma que nuestra altura o género tampoco lo definen. La posibilidad de ser humano está abierta a ser creada. El mensaje no es que *somos* nada—"ser nada" es un oxímoron, y una identidad es tan necesaria para el juego de la vida como una pieza del juego es para el juego de Turista. La *nada* de la que hablamos aquí es una nada *como un claro* para el ser, un claro que libera al ser de sus restricciones auto impuestas y nos deja con toda la gama de posibilidades que tenemos disponibles al ser humanos.

Landmark:
Ensayo 3

Cuando los ideales se hacen pasar por posibilidad

Nancy Zapolski, Ph.D.

De las palabras de los poetas a lo largo de las épocas hasta la novela del autor inglés Zadie Smith, *On Beauty*, hasta los comentarios del novelista y filósofo Umberto Eco, la belleza absorbe mucha tinta. "La belleza es un desorden, un sumidero, una trampa", dice Eco. "Analízala filosóficamente y te arriesgas a quedarte empantanado en cuestiones de idealismo, empiricismo, subjetividad y objetividad. Platón inició la conversación, Kant intentó terminarla. Si le das un giro cultural, te tropezarás con temas del relativismo, donde nada es ni bello ni feo, sino que es el tiempo, la clase, la nación o la etnicidad lo que lo hace así".

Estos temas del relativismo, de ideales y normas arbitrarias, son tan reales e incuestionables, que se convierten en determinantes fuertes, y al mismo tiempo casi invisibles, que dan forma a nuestras vidas.

Nos movemos a diario entre conceptos tales como belleza, éxito, generosidad, inteligencia–tienen un lugar en todos los grupos de iguales, todas las comunidades, todas las culturas alrededor del mundo. Existen como ideales, expectativas y normas. Si bien sus expresiones y definiciones específicas pueden variar de un lugar a otro, de una situación a otra, en un país la belleza significa al estilo Rubens, en otro, extremadamente delgada–luchamos por esos ideales. Son las medidas que usamos cotidianamente para ver dónde estamos parados, cómo encajamos, cómo nos comparamos.

Los ideales tienen un enorme valor práctico. Pueden ser poderosos catalizadores que nos motiven a abrir nuevas fronteras, sobresalir en los deportes, establecer principios tales como la justicia y la democracia, o establecer parámetros para el progreso educativo, médico y tecnológico. Permean todos los aspectos de nuestras vidas. Los ideales pueden despertar pasión y una urgencia que pide excelencia, persistencia y sobrepasar nuestros límites percibidos, permitiendo que algo nuevo y sorprendente emerja.

También tienen un lado negativo. Uno que es sutil, crece, y que con el tiempo puede tomar el control.

El diccionario define "ideal" como el modelo o arquetipo, algo que se piensa como perfecto o exactamente como uno lo desearía. Cuando lo que nos mueve es un ideal, casi por definición nos quedamos cortos. Aferrarse a un ideal, si bien nos alienta, también puede evitar que veamos qué más es posible. No podemos imaginarnos lo que podríamos crear o hacer porque estamos cautivos de un ideal particular que tenemos en nuestras mentes.

Un ideal se puede convertir en una "posibilidad fallida"—un algo o un compromiso que no se logró, pero que se mantiene cerca como algo que no es posible, ahora o probablemente nunca. Una posibilidad fallida es algo como cuando decidimos manejar algo en una forma específica y no lo hacemos, por ejemplo, queremos ser compasivos, pero nos encontramos juzgando; queremos hablar, buscar la promoción, hacer una aportación, pero nos encontramos no tomando acción.

Cuando eso sucede, nos vemos como que hemos fallado de alguna manera. No sólo es que esa *cosa* falló, sino que *nosotros* fallamos. En la medida en que las características o propiedades con las que nos identifiquemos sean ideales—bella, magnánimo, exitoso, lo que sea—decidimos que no tenemos lo que se necesita, y lo que somos se puede ver disminuido.

Ahora, agreguemos a la mezcla las "expectativas". Las expectativas podrían considerarse como una posibilidad que hemos destruido como posibilidad ya que contábamos con ella. Por ejemplo, si realmente estudiamos y creemos que vamos a obtener una buena calificación en un examen, o entrenamos duro para ser aceptados en la selección deportiva, pero al final no sale, lo que para nosotros vivió como una posibilidad, pero falló, puede hacernos cuestionarnos, nuestro carácter y la materia de la que estamos hechos. Entonces intentamos salir y crear una nueva posibilidad, pero eso está contra el telón de fondo que la niega. Dejamos de confiar en las posibilidades que creamos, reducimos lo esperado, ajustamos y acomodamos, nos conformamos con menos. Las posibilidades se vuelven ideales y estos ideales empiezan a hacerse pasar como posibilidades. Y nuestro poder decrece.

Cómo nos relacionamos con nuestros reveses y circunstancias está completamente relacionado con lo que es posible. Respuestas tales como "no es mi culpa", "yo no invento las reglas" o "simplemente sucedió así" podrían parecer legítimas pero nos hacen pagar el precio, y el precio es la pérdida de poder. La

responsabilidad—reconocer nuestra causa en el asunto, ver dónde no hemos sido auténticos, tomar cualquier acción que tengamos que tomar y decir la verdad al respecto—empieza a restaurar ese poder.

Esto no quiere decir que el ideal o la expectativa sean malos; de ninguna manera. Es colapsar ambos y relacionarlos con ellos de la misma manera que perdemos poder. Como se muestra en el diagrama, una *expectativa* o *ideal frustrado* lleva a una falta de poder, mientras que una *posibilidad frustrada* deja una apertura para la posibilidad, y no hay pérdida de poder ni de libertad.

El acceso para restaurar nuestro poder reside en el lenguaje. Cuando tenemos claro que tenemos algo que decir respecto a quienes somos, podemos separar nuestra interpretación de las circunstancias, la disparidad entre algo que sucedió y la posibilidad de quienes somos. Lo que nos decimos a nosotros mismos y sobre nosotros, en silencio y en voz alta, una y mil veces, moldea nuestras posibilidades de ser. Nuestros ideales, normas y expectativas ocurren en el lenguaje. Nuestra reticencia, adaptación e impotencia ocurren en el lenguaje. Pero el lenguaje también es el hogar, el único hogar, de la posibilidad. Lo que determina si la posibilidad (un acto creativo) o un ideal disfrazado de posibilidad marcarán el día depende de cada uno de nosotros. La opción es nuestra.

Landmark:
Ensayo 4

El poder del contexto
y el valor para crear

JOE DiMAGGIO, M.D.

Fútbol en Holanda, tenis en el Reino Unido, cricket en India, ya sea que leamos al respecto de ello en las noticias, lo veamos por televisión o nos sentemos en las tribunas, conocemos la sensación:

El instante en que el balón rodó entre las piernas de Bill Buckner, Nueva Inglaterra estalló en un gemido colectivo. Los seguidores de los Mets cantaron incontrolablemente con alegría. Y después se acabó y sólo quedó el silencio. Las tabernas locales llenas con gente viendo el Partido número 6 de la Serie Mundial de 1986 de repente se llenaron de rencor y los seguidores salieron del lugar dejando el dinero de la cuenta

29

sobre la mesa. El largamente esperado campeonato mundial de Boston estaba ahí, y después se esfumó. Todo lo que quedaba para los seguidores de los Medias Rojas era la desalentadora certidumbre de una pérdida inevitable en el Juego 7 y una prueba más de que éste no era su año.

Los Medias Rojas no tenían oportunidad. Este equipo y sus seguidores no se recuperaron de tales derrotas. Nunca lo hicieron y nunca lo harían.[1]

Los seguidores deportivos en todo el mundo tienen una tendencia a apegarse a los juegos, los jugadores, las temporadas. Los jugadores, más grandes que la vida misma, son héroes personales; se apoyan en la grandeza y dejan que sus seguidores participen. Pero en Boston, esto no sucedería. Durante muchos años, cualquier esperanza momentánea que pudieran tener los seguidores de los Medias Rojas, quizás pensando que *en esta ocasión* podían ganar, se veía ensombrecida por la racha continua de derrotas de su equipo. Era el tema de conversación en sus barrios, sus escuelas, sus familias e incluso entre sus políticos. Sabían que habían errado en 1918 al transferir a Babe Ruth a los Yankees, y desde entonces simplemente no habían podido regresar a la cima. La situación para los fanáticos de los Medias Rojas era una realidad dura y fría: *así era*. El contexto que les envolvía era que "los Medias Rojas" no eran ganadores. (Afortunadamente, yo era seguidor de los Yankees.)

Aquí estamos definiendo el *contexto* para que signifique "un conjunto fundamental de supuestos"–supuestos que no se reconocen como tales, y que no se cuestionan, en el cual *sucede el mundo*. Cuando la gente creía que el mundo era plano (una analogía que se hace vieja pero no muere), ese era el contexto o visión del mundo que limitaba la percepción y el comportamiento, la manera en que esas personas veían el horizonte, que tan lejos hacia la orilla podían navegar, etcétera. De igual forma, nuestra manera de ser un hombre o una mujer, y las posibilidades que están disponibles para nosotros, están dados por los supuestos incrustados en nuestra cultura, nuestro lenguaje y en los tiempos en que vivimos. Una niña nacida en Estados Unidos hoy muy probablemente heredará una posibilidad muy diferente para ser mujer que una niña nacida en los 1930 ó 40, ¿será una magnate .com o se postulará para presidenta?

Así, si consideramos la premisa de que todo el mundo sucede *dentro* de los supuestos que nosotros consideramos verdaderos (y si sacamos cuentas), lo que es obvio es que *los contextos son una fuerza poderosa y decisiva*. Los contextos nos llegan por default, y vivimos nuestras vidas prácticamente inconscientes de su existencia y de su transcendental influencia. Es como si tuviéramos unas anteojeras; no vemos los *contextos* mismos, lo único que vemos es lo que ellos nos permiten ver. Estos *contextos por default* determinan nuestra visión del mundo: lo que es posible y lo que no, lo que es cierto y falso, lo que está bien y mal, lo que pensamos podemos hacer y lo que no. Viajan con nosotros a donde quiera que vayamos, *dan* forma a nuestra conducta, nuestras elecciones, nuestras vidas.

Al igual que estos *contextos por default* pueden ser lo que nos limita y atasca, los *contextos creados* o *inventados* nos pueden dar libertad y poder. No estamos hablando, sin embargo, de sustituir un contexto con otro, o de encontrar un *mejor* contexto o el contexto *correcto*. Más bien, es estar conscientes y ser responsables de *cualquier* contexto dentro del que estemos funcionando y darnos cuenta que tenemos el poder no sólo para inventar contextos, sino para movernos libremente entre ellos.

La historia está tapizada de ejemplos de tiempos en los que se dieron grandes avances como resultado de nuevos contextos que se crearon. La democracia, la igualdad, la relatividad, los derechos humanos — nuevas formas de entender el mundo — en algún momento eran *contextos recién distinguidos*. La revolución de Copérnico sacó abruptamente a los humanos del centro del universo, dando entrada a la astronomía moderna y la revolución científica. Newton *inventó* la gravedad (ciertamente, antes de Newton, existía la fuerza física, pero él transformó la posibilidad de esa fuerza), permitiéndonos entender e interactuar más poderosamente con el universo físico. Einstein *creó* la relatividad, un contexto que catalizó la física moderna y nos dice cómo se comporta la naturaleza en la escala de manzanas, planetas, galaxias y más. En un momento, los derechos humanos, como los conocemos hoy, simplemente no existían. Los reyes tenían derechos, los sacerdotes tenían derechos, y la clase gobernante tenía derechos, pero la mayoría de los seres humanos, y con frecuencia ciertos grupos específicos dentro de una sociedad, no. En cada uno de estos ejemplos, alguna persona o grupo de personas vio a través o más allá de "cómo estaban las cosas" o la manera en que "parecía debían ser". El acto de hacerlo así, o decirlo así, remodeló el curso de los eventos y redefinió la experiencia humana a partir de ese momento. Y entonces empezamos a vivir en esas posibilidades y la "verdad" del mundo se transformó.

Y lo mismo sucede con ser humano. Damos por hecho que las cosas *son* de cierta manera; creemos que son nuestras circunstancias, nuestras culturas, el contenido de nuestras vidas lo que determina nuestra experiencia. Y si queremos algún tipo de cambio en nuestras vidas, por lo general vamos a trabajar en cambiar las circunstancias, básicamente en mover el *contenido.* (No es de sorprender que entonces terminemos viviendo *vidas impulsadas por el contenido.*)

Vivir a partir de un *contexto inventado* tiene un valor similar de impacto y control que vivir de un *contexto por default*–la diferencia, sin embargo, es la diferencia entre una vida de *previsibilidad* y una vida de *posibilidad*. La respuesta a la pregunta "¿qué es posible en ser humano?" no se debe observar a través del lente *por default*. Ver más allá de nuestros viejos supuestos sobre "la forma en que han sido las cosas" o la forma que pensamos "debían ser" y crear un *contexto* propio altera la naturaleza misma de lo que es posible, y la verdad de "nuestro" mundo se transforma.

Un *contexto inventado* es esencialmente un *dominio de posibilidad*. Y contamos con los recursos para crear ese dominio simplemente con *decirlo*. El lenguaje–lo que decimos (en silencio o en voz alta, una vez o varias, a nosotros mismos o a los demás)–tiene el poder de dar forma a la realidad. Cuando sabemos que nuestras conversaciones constituyen *quienes somos*, cambia nuestra relación con el mundo. El cambio no necesariamente se deshace de los lentes o filtros o actitudes mismas, pero lo que sucede es que esos viejos supuestos simplemente dejan de definir quiénes somos. *El contexto* conocido de esta forma nunca se hereda, nunca es un asunto de aculturación, nunca es algo que tomamos, nunca es un accidente, siempre y únicamente es asunto de nuestra elección. La elección es una condición exclusivamente humana. "La piedra y el tigre no tienen elección de vida: la piedra debe gravitar y el tigre debe atacar. Sólo los seres humanos se enfrentan con la pasmante responsabilidad de tener, en cada momento de sus vidas, que elegir qué hacer y quiénes ser. Esto es tanto una necesidad como una invitación".[2]

En 2007 los Medias Rojas fueron Campeones de la Serie Mundial por segunda ocasión en tres años, y lograron la carrera más dominante en la historia de las post-temporadas.

Landmark: Ensayo 5

Desentrañar los "Con el fin de"

Nancy Zapolski, Ph.D.

Muchos de nosotros experimentamos, desde el momento en que despertamos, un zumbido de *preocupación* en el trasfondo—por una cosa, por muchas cosas y en ocasiones por todo. Es como si todo en la vida viniera envuelto en algún tipo de preocupación. Ese zumbido ha estado con nosotros desde que tenemos memoria y puede llegarnos en varias frecuencias: un tono febril hasta suaves susurros. Podemos estar preocupados por ser escuchados o queridos, encontrar la pareja correcta, salir adelante. Éste es un cuento de la preocupación de un niño, pero de ninguna manera es exclusivo de la niñez:

Siempre había querido estar en un club. El primero fue fundado por mi hermana mayor con el único fin de admitir a sus amigas y mantenernos a mis amigas y a mí fuera. El lugar de reunión del club era la mesa de bridge de nuestros padres, con una sábana encima, pero no importaba. Cuanto más exclusivo y restringido el acceso, mayor el deseo de entrar. Y cuanto más buscábamos ingresar, mayor poder tenía el club sobre nosotros. Eso era lo que hacía del club un club.

No fue hasta que grité y pataleé, y que mis padres intervinieron, que se levantó finalmente la sábana y fuimos admitidas al santuario interior. Naturalmente, en el momento que entramos, la exclusividad del club pareció evaporarse. De hecho, ya ni siquiera era un club, era simplemente un espacio debajo de la sábana que cubría la mesa de cartas.

Las cosas no han cambiado mucho desde entonces. Como adultos (más o menos), nos cautivan las puertas cerradas, las cuerdas de terciopelo, verificadores de listas de invitados, porteros o comités de membresía que nos mantienen a raya. ¿Qué nos pasa? ¿Somos masoquistas sociales? ¿Nuestra necesidad de pertenecer es tal que triunfa sobre el amor propio? ¡Sí, claro! Y no sólo pertenecer, sino pertenecer a algo que esté lo suficientemente lejos como para que eleve nuestra opinión de nosotros mismos, y de los demás'.[1]

¿Cuándo empezaron estas preocupaciones siempre presentes, nunca silenciosas? Con la conciencia muy temprana de que algo puede y probablemente salga mal. Esta conciencia llega muy pronto en la vida, mucho antes de que podamos dilucidar si preocuparnos puede incluso ser válido. Cuando pensamos por primera vez que algo puede salir mal, independientemente de si lo que sucedió en realidad era amenazador o sólo lo aparentaba, nació el *mundo de preocupaciones.*

Este mundo de preocupaciones encuentra un cálido anfitrión en nosotros. Le gusta la casa, se instala, y poco a poco empieza a crecer, y se convierte en algo a lo que inconscientemente le hacemos caso. Incluso desarrollamos una preocupación por el éxito de nuestras preocupaciones. Con el tiempo, nuestras preocupaciones ocurren como si fueran parte de quién somos, una parte idiosincrática de nosotros mismos, una peculiaridad de la personalidad, pero muy seguramente actuamos como si estuviéramos atorados con ellas, como si fuera un rasgo genético o codificado.

Al crecer, como cualquier niño, yo tenía mis preocupaciones. No eran acerca de entrar en un club bajo una mesa de cartas, pero eran ser "mejor" y hacer cosas más perfectamente que mi hermana. Era lo que me importaba en especial en ese momento de mi niñez. A los ojos de cualquiera que nos viera, yo quería que me consideraran la mejor, en obtener mejores calificaciones, en hacer mejores galletitas, en cualquier cosa que hiciera. Estudiaba los libros y a mis compañeros para aprender todo lo que pudiera *para* ser perfecta, mejor, reconocida y querida. Pero cuán perfecta fuera o no, no me parecía una preocupación a la que estuviera respondiendo, simplemente era yo siendo *quien era.*

Ser perfecta no era fácil. El panorama cambiaba constantemente. A medida que pasaba la vida, era más y más difícil para mí ser perfecta. Me di cuenta que no era la hija más querida, o la niña más inteligente en la escuela. A la larga, la necesidad por ser mejor que y perfecta, ya no era encantadora ni atractiva como lo había sido alguna vez. Yo simplemente quería relajarme y rendirme a la presión. En realidad, deseaba disfrutar de mi hermana, verla sobresalir, ser su amiga, pero mi necesidad de sobresalir ganó precedencia.

Detenernos de repente así para cuestionar nuestra conducta, y sin embargo continuar con ella, racionalizando y justificando a medida que seguimos, parece bastante sorprendente. ¿Por qué tenemos comportamientos para lograr algo que nos damos cuenta no queremos o necesitamos realmente?

La mayoría de los *con el fin de* son una estrategia para manejar alguna preocupación. Y con frecuencia, lo que haya iniciado la preocupación fue hace tanto tiempo que ni siquiera lo recordamos bien. Cómo respondimos a lo que sucedió entonces funcionó entonces, por lo que lo seguimos acarreando sin estar conscientes del porqué *o* de que es un "eso"–simplemente es *cómo y quiénes somos.* Como lo dijo Charles Dickens, "Las fuerzas que afectan nuestras vidas, las influencias que nos moldean y dan forma, con frecuencia son como susurros en un salón distante, burlonamente indefinidos, aprendidos sólo con dificultad". Y sin embargo, estos susurros, que apenas podemos comprender, tienen el poder de dar forma hoy a nuestras vidas.

Cuando mucho de lo que hacemos es una respuesta *con el fin de* manejar alguna preocupación, no son buenas noticias ya que es como si no conociéramos o hiciéramos algo por sí mismo, y eso evita que estemos presentes. Las peores noticias, no obstante, es saber que nunca obtendremos suficiente de lo que quiera que sea: suficientemente honesto, suficientemente original, suficientemente contribuidor, suficientemente conocedor, suficientemente sabio, para sofocar nuestras preocupaciones. Si ese es el caso, el estado natural de ser entero y completo no puede darse. Para manejar, adaptarnos y acomodarnos a eso, conjuntamos varias *formas de ser*—y ahí lo tienen, esa es nuestra experiencia de vida. Esta dinámica se repite una y otra vez, y seguimos siendo impulsados por ella, es parte del paquete de ser humano.

Si bien puede que no estuviéramos conscientes de esta dinámica antes, ahora lo estamos. Estar conscientes de lo que no estábamos y ser responsables de ello, nos libera para elegir y para crear posibilidad. El poder de elegir y el poder de crear posibilidad residen en el lenguaje. El lenguaje es mucho más que simplemente una herramienta que describe o representa la realidad.

Conocer el poder del lenguaje, más que las simples palabras, requiere esencialmente una transformación de conocernos a nosotros mismos como nos hemos considerado ser, nuestras identidades, a conocernos como nuestra palabra, como "lo que decimos". Con esa transformación viene el conocernos en una forma nueva, la de honrar lo que decimos, honrar nuestra palabra como nosotros mismos.

Ser nuestra propia palabra sólo existe como una posibilidad. Cuando hemos creado una posibilidad, no es algo que estamos tratando de hacer. Tampoco es una cuestión de con el fin de. Preguntas tales como "sucederá o no", o "necesitamos hacer 'X' para llegar a 'Y'", no son realmente pertinentes a la posibilidad. Cuando creamos una nueva posibilidad para nosotros mismos, existe. Está presente en el mundo, no como un fenómeno físico, sino como posibilidad.

Landmark: Ensayo 6

Gran responsabilidad
a su cargo:
no hay vuelta atrás

JOE DiMAGGIO, M.D.

"No somos como los insectos sociales", escribe Lewis Thomas, biólogo y médico "que tienen una sola manera de hacer las cosas… Estamos codificados de forma diferente, no sólo para … *ir o no ir,* sino también para *tal vez,* o incluso *qué diablos, vamos a intentar.* Estamos ahí para una sorpresa tras otra, si simplemente estamos en ello… No hay fin para lo que podríamos hacer".

Y de hecho no hay fin para lo que podríamos hacer. Tenemos el poder para transformar la calidad de nuestras vidas, no importa cuándo y no importa cuáles sean las circunstancias. *Si eso es así, pues bien, qué diablos, ¿por qué no?*

47

El *por qué no* es principalmente porque la gente no sabe lo que es realmente posible, y como no sabemos eso, muchas veces jugamos con apuestas bajas. Si tomáramos nuestro día y lo dividiéramos entre la cosas que realmente marcaron la diferencia, y el resto de las cosas (no entre lo que es importante y lo que no es importante, sino las cosas que *realmente marcaron la diferencia* y todo lo demás), ¿qué veríamos?

Recuerden, por ejemplo, cuando eran adolescentes, las cosas que eran REALMENTE IMPORTANTES. Recuerden cuando sus padres dijeron que no podían ir a un baile, o que tenían que estar en casa a cierta hora y no podían estar fuera una hora más. ¿Recuerdan que eso era muy, pero muy importante? Ahora, como adultos, la mayoría de nosotros nos olvidamos que las cosas "importantes" son más o menos como eso: que parecen importantes en ese momento, pero una semana, un mes o un año después, ¿cuál fue el problema?

Esto me recuerda algo de mi hijastra adolescente, Alex, que ella, mi esposa y yo queríamos compartir en este ensayo. Alex ha tomado El Foro Landmark Para Jóvenes y Adolescentes. Ella sabe lo que se necesita para jugar poderosamente en el juego de la vida y ha creado zapatos muy grandes para ella — en general.

De vez en cuando le gusta fingir que los zapatos no son los suyos. Recuerdo una discusión que tuvo con mi esposa, Diane, sobre un acuerdo de la hora para estar en casa. Después, Diane y yo creímos que el tema estaba solucionado, que había sido ampliamente discutido y acordado. Alex se fue a la escuela a la mañana siguiente, pero no regresó a casa cuando lo esperábamos. Se hizo cada vez más tarde. Estábamos molestos y sumamente preocupados por su seguridad y bienestar. Cuando finalmente llegó a casa, nos sentamos para hablar de ello. Para ella, la cuestión era más que una simple conversación sobre la hora de llegar a casa. Se trataba de cosas que eran SUMAMENTE IMPORTANTES en su mundo: sus compañeros, cómo se veía ante ellos, su sentido de independencia y tener el control de su propia vida.

Solucionamos cada punto, y lo que quedó era que ella sabía que todo esto podría haberse resuelto sin pelear, ni "verse mal" con sus compañeros, ni disgustándose con nosotros, pero para ello, tendría que haber vivido conforme a la persona que ella sabía que era. Sin embargo, optó por no seguir ese camino. Prefirió ser parte de la misma conversación que sus compañeros estaban teniendo, no comunicarse, ser desafiante incluso cuando sabía que no era necesario y no conseguiría lo que realmente quería. Cuando todo terminó, hablamos sobre el valor que se necesita para vivir de una manera transformada, saber lo que requiere, saber que en cualquier circunstancia, cada uno de nosotros tiene una elección, de actuar y vivir a partir de esa realidad.

Esa es la historia de una adolescente. Pero también sé a partir de la interacción con muchos adultos que esta cuestión de vivir de una manera que es congruente con quien ahora sabemos que somos, de llenar los zapatos que no podemos pretender no son grandes, no se detiene cuando nuestros años adolescentes quedan atrás. Continúa en la adultez.

En muchas circunstancias, no estamos dispuestos a luchar por vivir una vida transformada. En algunas circunstancias, nos decimos que no es importante para nosotros, que es suficiente simplemente sobrevivir. Estamos tan embelesados en nuestras propias preocupaciones, posiciones particulares, o puntos de vista que la idea de llegar a un lugar donde las cosas se pueden resolver en el momento parece insostenible. Si alguien tuviera un polvo mágico que viniera y nos los espolvoreara en esos momentos y tan sólo por eso, podríamos ser transformados, podríamos decir, "No, gracias, ¡no quiero el polvo!"

Puede ser que nos escuchemos diciendo: "No dejes que nada diferente, o incluso grande, me suceda. Deja que me quede tal como estoy". Y luego podríamos pasar mucho tiempo creando una justificación de dónde estamos–temerosos de renunciar al bote salvavidas que nos es tan familiar aunque hace aguas, para aprovechar tomar uno que no tenga fugas. Y nuestras justificaciones serán racionales e inteligentes, al igual que la respuesta inicial de mi hijastra, y como todas las miles de razones que usa la gente cada día para justificar quedarse donde están.

Vivir una vida transformada requiere valor. La gente suele pensar que el valor es sólo eso que se necesita en un momento de crisis, pero ese no es el caso. El valor se requiere día a día, momento a momento, incluso cuando no hay nada urgente en juego. Depende de nosotros crear nuestra vida congruente con quien sabemos que somos, haciendo que lo que está en juego sea lo que decimos que está en juego. Es la postura que tomamos sobre nosotros mismos. Esa postura entonces se convierte en quienes somos. Decir que algo está en juego es un acto puramente existencial. Este tema acerca de la libertad, este negocio sobre el poder, es realmente un producto de un lugar donde pararse, no es algo que está en frente de nosotros, que estamos trabajando en ello o contra lo que nos medimos. Cuando vivimos en consonancia con lo que decimos, estamos siendo fieles a nosotros mismos.

La transformación tiene el poder de alterar el status quo, nos desbanca del "igual que siempre", nos da una plataforma para ser todo lo que podamos ser. Elegir vivir una vida transformada nos obliga a luchar con nuestras resistencias, pequeñas y grandes, encontrarnos cara a cara con la angustia de dejar nuestros límites auto impuestos, nuestra mediocridad, pero sobre todo, vivir en consonancia con lo que sabemos es posible. La transformación lleva consigo una sabiduría y un conocimiento de que tenemos una elección acerca de lo que somos y la gama completa que está disponible para nosotros al ser humanos. Con la transformación vienen zapatos grandes.

Landmark: Ensayo 7

Miedo, supervivencia y el valor de ser

NANCY ZAPOLSKI, PH.D.

Había también un bosque al principio de la ficción. Su dosel de ramas cubría la tierra. En su techo viviente las aves revoloteaban a través de verdor y aire brillante, pero por entre los troncos de los muchos árboles había sombras, había oscuridad. Al caminar en este bosque los pies hacían sonidos crujientes, pero los ruidos que hacíamos no eran los únicos ruidos, oh no. Las ramas se quebraban; las brisas traían fragmentos de lo que podrían ser voces. Protuberancias y estallidos en la maleza marcaban los pasos de objetos pesados a lo lejos, o cerca de repente. Éste era un bosque poblado. Todo tipo de criaturas silvestres vivían aquí, peligrosas o benignas según su

55

naturaleza. Y todos los demás viajeros de los que habíamos oído hablar también estaban en el bosque: reyes y caballeros, hidalgos e hijas de otros, tontos y forajidos, una niña pequeña cuya brillante capucha parpadeaba entre los pinos como un faro carmesí, y un lobo moviéndose en un vector diferente para interceptarla en la cabaña. Cada uno viajaba por separado, ya que era la naturaleza del bosque: uno estaba solo en él. Era el lugar en el que, por definición, uno no tenía compañeros, y sin recursos, salvo su propio ser incierto.[1]

Cuando somos jóvenes, las cosas pueden salirse de control muy rápidamente. Experimentamos el peligro como una posibilidad real que "está ahí en algún lugar", y se convierte en una noción que se queda con nosotros, en algún nivel u otro, a través del tiempo. Así que desde una edad muy temprana, estamos digamos *en alerta*. La idea de que la vida puede ser peligrosa no desaparece sólo porque llegamos a ser adultos (más racionales). Y cuando cargamos durante muchos años la idea de que la vida podría ser peligrosa, incluso la noción de *posibilidad* puede parecer, pues… amenazante.

Cuando yo estaba en la preparatoria, me encantaba ir con mis amigas a los bailes semanales en nuestra escuela. Yo era una bailarina muy buena, pero falta de coordinación en el deporte, lo que me hizo ser un tanto tímida, y cuando me invitaban a bailar, dudaba. Me decía cosas como: "Pueden enterarse que no soy tan buena en el deporte", "Puede ser que se burlan de mí"—toda esa cantidad de diálogo interno de auto-censura. Cuando le damos rienda suelta a nuestros miedos, incluso los más pequeños momentos pueden ser abrumadores. Los temores surgen cuando miramos hacia atrás, y surgen cuando miramos hacia el frente. Los temores surgen de nosotros mismos, y sobre la manera que nos reciben los demás. Cualesquiera que sean sus orígenes, nos impiden vivir plenamente. Si una amenaza es *real* (una situación en la que nuestra supervivencia está en juego, nuestra seguridad, nuestra salud, mantener a nuestras familias seguras) o *imaginaria* (una situación que nos *puede* esperar, algo que *podría* suceder—o donde *podríamos* parecer tontos, por ejemplo), es todo acerca de la supervivencia. Esos momentos de miedo y ansiedad, con la constricción en el pecho, el aleteo del corazón, los sentimientos de peligro inminente o vergüenza potencial, pueden ser abrumadores, porque creemos que algunos aspectos de nuestra supervivencia están en juego.

Tal vez incluso más que la tristeza, el enojo o la desilusión, nos resulta difícil lidiar con el miedo. El miedo puede impedirnos participar, hacer lo que somos capaces, experimentar y expresar toda la gama de posibilidades que tenemos disponibles para nosotros en ser humanos. La falta de poder, las limitaciones, y los lugares donde nos detenemos, sin embargo, no están en función de la *experiencia del miedo,* sino más bien en función del *significado* que agregamos, y las decisiones que tomamos, en un momento determinado en el pasado. Otra forma de decirlo es que no es el temor lo que está operando, sino la manera automática en que colapsamos *algo que pasó* con *lo que decimos que significa.* Es ese automatismo lo que nos mantiene atrapados en un lugar, y lo que nos hace perder nuestro poder. Las circunstancias antiguas ahora tienen el poder, no nosotros.

Cuando dejamos de luchar por ello, cuando damos un paso atrás, jugamos a lo seguro, o decimos que no podemos hacer algo, podríamos evitar la experiencia del miedo, por el momento, pero al mismo tiempo reforzamos que estamos atrapados. Estamos limitando nuestra libertad, y cuartando la posibilidad. Estar vivo incluye los riesgos, las amenazas, y el peligro—la posibilidad de que cosas "malas" sucedan siempre está ahí. Pero en la planificación de nuestra vida para evitar esas cosas, estamos esencialmente evitando la vida; obviamente, no es la manera más sabia de estar vivo. La publicación *Harvard Business Review* puede no ser donde esperamos leer acerca de la presencia generalizada del miedo, pero lo siguiente apareció en un número reciente y pensé que viene muy a propósito: "Se me ponen los pelos de punta cuando veo puertas cerradas". Esta es la primera línea de *Algo pasó,* de Joseph Heller, una de las pocas novelas excelentes sobre negocios. El héroe y narrador de Heller, Bob Slocum, un ejecutivo medio en una empresa no identificada, se vuelve casi loco pensando qué decisiones pueden estarse tomando a sus espaldas que podrían arruinar su carrera y su vida, o simplemente cambiar las cosas que son, si bien odiosas para él, al menos soportables. Sin transparencia alguna, Slocum es una ruina temblorosa. No está solo. Al empezar el segundo capítulo Slocum dice: "En la oficina en la que trabajo hay cinco personas de las que tengo miedo. Cada una de estas cinco personas tiene miedo de cuatro personas (no cuentan las superposiciones), para un total de veinte, y cada una de estas veinte personas tiene miedo de seis personas, haciendo un total de ciento veinte personas que son atemorizadas por lo menos por una persona". La empresa, en otras palabras, es una pirámide de pánico potencial, dispuesta de desplomarse cuando alguien susurre: "Se te acabó el cuento".[2]

Siempre me sorprende la manera en que Heller va directo al absurdo de una situación, esta vez apuntando hacia el impulso que el miedo puede generar por sí solo. Y no sólo desaparece automáticamente porque lo queramos. Pero cuando podemos separar *lo que ocurrió* de *los significados que le asignamos*, ya no tenemos que estar "a merced" de lo sucedido. No tenemos que trabajar sobre ello, empujarlo hacia abajo, acomodarnos o adaptarnos a él. Sobrevivimos la primera vez, la segunda, la tercera, y así sucesivamente – completar un miedo pasado incluye el reconocimiento de que íbamos a *sobrevivir* si el pasado se repitiera. Cuando dejamos de tratar de resistir que el pasado ocurra de nuevo, las cosas cambian. Al separar *lo sucedido* y las decisiones que tomamos en ese entonces, aclaramos una gran parte de la pérdida de poder y falta de libertad.

Hay una gran diferencia entre ser realista acerca de lo sucedido una vez, y resignarse o quedarse atorado en que las cosas *tienen que seguir siendo de alguna manera* ahora o que simplemente *son de alguna manera* o *que van a ser de esa manera otra vez*. En lugar de desear cambiar nuestra experiencia del pasado – un ejercicio inútil – tenemos la libertad de elegir nuestra relación con lo que fue, y ese es el comienzo de construir poder. Es el principio de crear posibilidad. La *posibilidad* nos invita hacia áreas de creatividad, de incertidumbre, de paradoja y sorpresa. Nos invita a dar existencia a las cosas que no han existido, dar un paso hacia un lado u otro, desestabilizar antiguas realidades. Nuestra propia identidad, por ejemplo, o la certeza de un hecho, el comportamiento de los demás, o incluso el significado de las palabras pueden llegar a ser vistos y entendidos de maneras nuevas.

Se requiere un enorme valor para probar nuevas *formas de ser* en el espacio donde solía estar el miedo, y al optar por hacerlo, llegamos a ser los autores de nuestra propia experiencia. La elección requiere valor, y el valor lleva a la cuestión ontológica del *ser*. El valor tiene sus raíces en toda la amplitud de la existencia humana, y en última instancia en la estructura del *ser* mismo. El valor nos puede mostrar que es *el ser,* y *ser* nos puede mostrar qué es el valor.

Landmark: Ensayo 8

Distinciones:
el acceso al terreno
fundamental de ser

Joe DiMaggio, M.D.

Norman Cousins, dice, "El propósito de la educación
y el aprendizaje consiste en crear un sentido más ele-
vado de lo posible de lo que ocurre naturalmente".
Continúa diciendo, "Esto debe significar algo más que
aliviar la tensión causada por la confrontación con lo
desconocido–debe significar el desarrollo de una
capacidad entusiasta para operar en abstracciones y
respecto a abstracciones como el terreno principal para
la exploración y el descubrimiento.... Ninguna
abstracción, por supuesto, es tan potencialmente fruc-
tífera como el conocimiento de la persona y el acceso
a sí mismo".

Explorar las abstracciones y distinciones es, en efecto, el principal terreno — el terreno primordial del *ser,* y el terreno en que se basa la tecnología de Landmark. El acto de distinguir, o como lo refiere Cousins, "operar en abstracciones"-nos puede dar el acceso, la maleabilidad, la libertad de vivir una vida de la que somos el arquitecto. Las distinciones a que nos estamos refiriendo aquí tienen una naturaleza *ontológica,* abordan la parte del *ser* de los seres humanos en lugar de la parte *del conocimiento.* La mayoría de los programas de Landmark consideran la idea de que nuestras acciones e interacciones se derivan de nuestra *manera de ser,* más que de lo que sabemos. Nuestras *formas de ser,* a diferencia de los conocimientos, no son fácilmente accesibles por nosotros. El conocimiento es de fácil acceso con sólo ir tras él, podemos aumentarlo, refinarlo, etcétera, pero es la naturaleza del "ser" que no *conocemos,* simplemente la *somos.*

Este tema de la "distinción" vale la pena confrontarlo, ya que nos puede dar acceso a *lo que somos.* La confrontación, sin embargo, puede resultar resbaladiza, ya que las distinciones en realidad nunca se pueden encasillar. Tienen una amplia aplicación, y quizás lo más importante nos permiten abordar el "quién somos" en el tema de lo que sabemos. Son el nexo de la tecnología de Landmark.

El renombrado físico Richard Feynman describe un

conjunto de experimentos en el que ratas corrían a través de laberintos. En uno, un largo corredor tenía puertas en ambos lados. Las ratas entraban por un lado y el investigador quería ver si podía entrenar a las ratas para que entraran en la tercera puerta desde dondequiera que entraran, en lugar de ir a la puerta donde encontraron comida en la ocasión anterior. Para identificar los factores que marcaron la diferencia en el comportamiento de las ratas, el investigador pintó las puertas, usó productos químicos para cambiar los olores residuales, bloqueó la luz y aún así las ratas fueron donde solía estar la comida. Por último, cubrió el suelo de arena y fue capaz de engañar a las ratas. Desde un punto de vista científico, Feynman pensó que se trataba de un experimento excelente, ya que descubrió la clave de lo que usaban las ratas en realidad, y no lo que una persona podría pensar que estaban utilizando. Este gran experimento, sin embargo, nunca fue mencionado por otros, porque no revela nada sobre las ratas en sí. No obstante, pone de manifiesto las cosas que hay que hacer para descubrir algo *acerca de* las ratas.[1]

Ahí es donde entran en juego las distinciones, nos dan un acceso para descubrir algo *sobre* la naturaleza de las cosas, incluyendo nuestra propia naturaleza. Una distinción es más que un concepto y diferente de una teoría. Los conceptos se podrían incluir en una distinción, pero los conceptos no son un elemento crucial de las distinciones. El poder de una distinción no se encuentra en un lugar determinado, o incluso en lo que se conoce. Las distinciones no se pueden memorizar, destinar o desear que sean. No son aditivos, ni incluyen el aprendizaje de una serie de piezas que luego se integran en un todo. Las distinciones existen en el lenguaje, pero no en una palabra o conjunto de palabras específico, por lo que nunca pueden ser capturadas dentro de un concepto o descripción. Además, las distinciones se diferencian de las definiciones. Las definiciones proporcionan límites; las distinciones generan posibilidades. Las distinciones se hacen poderosamente presentes sólo a través de una serie de indicios o indicaciones; sin embargo, una vez presentes, abren nuevos mundos.

Imaginemos, por ejemplo, lo que el mundo sería sin la distinción "número". ¿Existirían las matemáticas, la ingeniería, la ciencia? ¿Tendríamos puentes o edificios, el transporte aéreo, seríamos capaces de cocinar un pastel, llegar a la luna? Lo que la distinción "número" permite es tan omnipresente que es difícil imaginar la vida sin ella. Se podría decir lo mismo de la "gravedad" o incluso de los "derechos humanos", una distinción que continúa evolucionando a medida que pasa el tiempo.

La distinción implica traer a la luz desde el fondo indiferenciado, llamar al frente, por así decirlo. Los niños aprenden a andar en bicicleta cuando son capaces de "distinguir" el equilibrio. Hasta entonces, ningún tipo de explicación, instrucción, estímulo, por útil que sea, realmente puede hacer el truco. Aprender a andar en bicicleta se produce cuando traemos a la existencia ese grupo de sensaciones que se distingue como el "equilibrio". Ningún niño en bicicleta está tratando de planear, imaginar o recordar la distinción "equilibrio". Se trata simplemente de montar—visitar a los amigos en otros barrios, hacer caballitos, o simplemente vivir en un mundo ampliado donde el equilibrio y una nueva movilidad son ahora suyos. Cuando la distinción *equilibrio* está presente, todo un mundo que antes no estaba ahora está disponible.

Al igual que el experimento al que se refiere Feynman, las distinciones no nos dicen por qué hacemos lo que hacemos como seres humanos, pero nos dan un acceso determinado—un portal hacia nosotros mismos. En el proceso de distinguir la "identidad", por ejemplo, vemos que *quienes nos consideramos ser* esencialmente se arma por default—que una serie de decisiones y reacciones, supuestamente apropiadas en ese momento, han llegado a definir nuestra *identidad—quienes somos*, cómo actuamos, nuestra propia naturaleza. Una vez que la "identidad" se distingue y se ve de hecho como lo que es, en ese momento vemos que *quienes somos* y *quienes hemos pensado que somos* no están fijos, establecidos o de cualquier manera particular, sino que son maleables y abiertos a ser inventados. Las decisiones anteriores, no examinadas, las nociones y las *formas de ser* dejan de definir quienes somos.

Distinguir *la identidad,* y el mundo extraordinario que hace posible, es sólo un ejemplo del poder de las distinciones. El desarrollo de una competencia en la creación de distinciones nos da un enorme acceso al poder y efectividad en cualquier área de la vida. Así como el "equilibrio" permite andar en bicicleta, y "número" permite la ingeniería, las distinciones en el ámbito del *ser* permiten vivir una vida de la que somos el arquitecto. Las distinciones transforman la realidad; son el terreno principal del *ser.*

Landmark: Ensayo 9

Inventar futuros nuevos—
Alterar realidades antiguas y limitantes

NANCY ZAPOLSKI, PH.D.

Dos historias: La primera tiene lugar en el Departamento de Policía de Los Ángeles, y la otra en el enrarecido mundo del arte de Nueva York.

Un policía novato en la fuerza de policía de Los Ángeles se presentó a servicio en un escuadrón anti-vicio, y se enteró que su nuevo distrito tenía una inusual lotería. Resultó que este distrito incluía una ronda realmente terrible, en un tramo peligroso de la ciudad. Ninguno de los policías anti-vicio quería patrullar la zona, así que después de años de sortear objeciones, el capitán del distrito había llegado a una solución que creía era justa.

Todas las noches, al inicio del turno, el capitán levantaba una bolsa de canicas. Cada canica en la bolsa era negra, excepto una. En fila lentamente hacia el frente de la sala, cada policía sacaba una canica de la bolsa y con ella conocía su destino. Cualquier policía que sacara la canica de otro color tendría que prepararse para un descenso al barrio que temían. El ambiente era tenso y deprimente – los momentos de feliz camaradería eran raros. El novato pronto se encontró arrastrando los pies al ir a trabajar. Dos veces sacó la canica de otro color y descubrió que la ronda era tan desagradable como todos le habían dicho. Pero se las arregló para sobrevivir.

Una noche, el novato caminó hacia el frente de la fila de las canicas, vació la bolsa sobre la mesa y deliberadamente eligió la de otro color. A la noche siguiente lo hizo de nuevo. Noche tras noche, pidió expresamente esa canica. Ya no se preocupaba por perder la lotería de las canicas. Ahora, para bien o para mal, su destino estaba en sus manos.[1] Lo que experimentaba como algo sumamente estresante, él eligió transformarlo. A través de sus acciones y ejemplo, el estado de ánimo y la moral en el distrito comenzó a cambiar.

Del otro lado del continente, en Nueva York, un curador del Museo de Arte Moderno habló del impacto que había causado la llegada del arte moderno en el mundo del arte tradicional. Dijo que "el arte moderno, desde las caras revueltas de Picasso hasta las latas de sopa de Andy Warhol–actos de la imaginación sin el consenso de apoyo y sólo el más pequeño círculo de comprensión inicial–produjo [enormes] cambios [en la forma en que vemos no sólo el arte, sino también] el mundo. Ignoró los textos tradicionales, eludió las normas familiares, y requirió que la gente hiciera juicios sin la comodidad de reglas y categorías estables, y navegara en los mares de la incertidumbre, incluso el absurdo, sin un mapa".[2] Los críticos han dicho de "Las Señoritas de Avignon" de Picasso que es "un desafío deliberado a toda la historia del arte. Lo podemos ver una y otra vez y quedar mudos por su audacia, su frescura y su coraje."[3] Y "cambió el arte más que cualquier otro. Antes de él, las pinturas al menos tenían que fingir ser decorativas y convincentes. Después todo se valía".[4]

Tanto la realidad que existía en el distrito de Los Ángeles como la de los círculos de arte de Nueva York habían acumulado años de acuerdo. Una fomentaba una realidad de la ansiedad, estrés y baja moral. La otra estableció el estándar para el precio de compra, la reputación, y la vanguardia. En cada situación, las antiguas realidades de *la forma en que era* se vieron alteradas por una nueva conversación.

¿Qué era lo "real" en cada uno de estos casos?

La mayoría de nosotros pensamos en el lenguaje como

la descripción de *una realidad que está allí afuera*—otras personas, cosas, el universo, incluso nosotros mismos. Hablamos de nosotros mismos y decimos cosas como: "Yo soy así o asado, soy extrovertido o soy cauteloso". Hablamos de nosotros mismos y los demás casi como si fueran objetos que se describen. Eso no es un uso inadecuado o incorrecto del lenguaje. Sin embargo, es sólo un uso del lenguaje. El lenguaje describe, pero también tiene el poder de crear. Puede traer nuevos mundos a la existencia—mundos que pueden empezar no tan reales. La posibilidad no es real en su origen, es algo que creamos como real y después nos comprometemos para que sea una realidad.

Richard Rorty, filósofo contemporáneo, expresa: "Tenemos que hacer una distinción entre la afirmación de que el mundo está ahí fuera y la afirmación de que la verdad está ahí fuera. Decir que el mundo está ahí fuera—que no es nuestra creación, es decir que la mayoría de las cosas son los efectos de las causas y no [nos] incluyen. No obstante, la verdad no puede *estar ahí fuera*—no puede existir independientemente de [nosotros]".

"El mundo está ahí fuera, pero las descripciones del mundo no. Las descripciones del mundo sólo pueden ser verdaderas o falsas. El mundo por sí mismo—sin la ayuda del [lenguaje] de los seres humanos—no puede. [Si] alguna vez pudiéramos reconciliarnos con la idea de que la mayor parte de la realidad es indiferente a nuestras descripciones de ella y que [nosotros estamos] creados por [el lenguaje], entonces deberíamos por fin [saber] que la verdad se hace más que se encuentra. El mundo no habla. Sólo nosotros lo hacemos".

En Landmark decimos que la realidad, las condiciones y las circunstancias del futuro no existen aún como hechos; sólo existen como producto de las conversaciones en las que nos involucramos, las que tenemos y de hecho *somos*. Tanto en el caso del policía novato como de los artistas modernos, la introducción y el pararse por una nueva conversación cambiaron la realidad existente – las posibilidades y la realidad de la vida se vieron alteradas.

Las personas que actúan con base en una acción inspirada lo hacen mediante la creación de una posibilidad – articulando un futuro de tal manera que altera la forma en que ocurre el presente. Y debido a que el presente es ahora diferente, la gente actúa de manera diferente. Debido a que la gente actúa de una manera que es congruente con un nuevo futuro, ese futuro puede ser posible... Pero, por supuesto, como con cualquier territorio desconocido, es inevitable que haya lagunas, altos e inicios, partes faltantes. En estos momentos, cuando hay lagunas o algo falta o parece faltar, falta no como una invalidación, sino como una posibilidad.

Un ejemplo de *algo que falta*, pero *como una posibili-dad* surge en la yuxtaposición de Picasso del arte occidental clásico con el arte africano como creó "Las Señoritas". No confiaba del todo en lo que había hecho. Cuanto más identificaba la calidad de abstracción del arte tribal, más tambaleaba y seguía modificando la pintura, sintiendo que algo faltaba. Agregar las máscaras tribales, para él, era "un riesgo calculado, tomado muy tarde en el juego".[5] Durante muchos años, hasta que la pintura fue reconocida como un triunfo modernista, Picasso insistió en *que algo faltaba*. "'Las Señoritas' tiene en su interior una duda conmovedora, la angustia del arte moderno, así como su camino hacia el futuro".[5]

Vivir ante una posibilidad a menudo puede llevar consigo esa duda o angustia y a veces puede ser difícil, difícil en las formas en que la poesía, la música, o una profunda intimidad pueden ser difíciles, porque no explica, no racionaliza, no describe y no define. Incluso en sus primeras etapas, la posibilidad nos deja con el poder y la libertad, y una vez cumplida, ya no es una posibilidad, es una realidad que permite futuros enteramente nuevos.

Landmark:
Ensayo 10

Salir del remolino— El valor de ser auténtico

Joe DiMaggio, M.D.

Una tarde, en medio de una clase de gramática particularmente aburrida, mi profesora de inglés apartó su libro y pidió nominaciones para la mejor canción en nuestra estación local de radio de las 40 principales canciones. Por primera vez en ese año, todas las manos se levantaron. No había 'respuesta correcta' a una pregunta de gusto personal, o eso pensaba yo hasta que finalmente me llamó, y anuncié mi elección y que no sólo era la mejor canción de las 40 principales canciones, sino posiblemente la mejor canción de la historia.... Lo que recuerdo no es tanto mi recomendación como el silencio que siguió, una falta de acuerdo que sólo puedo describir como ensordecedora.

La primera vez que escuché la canción, me enganchó.... La compré y la hice sonar una y otra vez. La canción me llenaba en todos los niveles, pero si a nadie más le gustaba, supuse que a mí tampoco. Esa noche, solo en mi habitación, me di cuenta de que estaba demasiado avergonzado para escuchar mi disco, o incluso verlo, de verdad. Me recordó mi desdichado deseo de complacer. A partir de entonces, cada vez que alguien me pedía mi opinión, yo volteaba la pregunta, y luego actuaba en consecuencia. Si la persona con quien estaba amaba los programas de concursos y Deep Purple, entonces yo también, y si me sorprendían contradiciéndome—viendo o escuchando algo que yo había jurado que odiaba—diría que estaba haciendo investigación, o que disfrutaba eso precisamente por ser tan malo. Puedes hacer esto, aprendí, y la gente te perdonará, te considerará interesante, incluso. Después de haber pasado mi vida tratando de satisfacer la voluntad de otros, no era capaz de distinguir entre lo que me gustaba y lo que pensaba que debía disfrutar".[1]

Todos estamos familiarizados con la antigua máxima "Sé a fiel a ti mismo", y es claro que mucho se resolvería si tan sólo operáramos en consonancia con ello, pero la atracción por conseguir la aprobación de los demás y la necesidad de encajar es muy fuerte. Incluso cuando estamos plenamente conscientes de que estamos siendo inauténticos, y que no creemos realmente en lo que estamos haciendo o diciendo, seguimos *actuando* como si lo hiciéramos, porque tenemos miedo de que podríamos arriesgar perder la aprobación de algún tipo. A pesar de que conocemos que los estándares que hemos establecido para nosotros son imposibles de lograr, seguimos tratando—ocultamos nuestros defectos percibidos, o fingimos que no existen. Al hacerlo, sin darnos cuenta añadimos otra capa de inautenticidad.

Es difícil estar tranquilos cuando estamos aparentando y no somos fieles a nosotros mismos de alguna manera. Sin embargo, no es como si nos despertamos una mañana y deliberadamente dijéramos: "Caramba, creo que voy a ser inauténtico el día de hoy. Mi vida va a enfocarse en *verme bien* y *evitar verme mal*". Esta forma de ser está casi automáticamente allí. Cada vez que optamos por *vernos bien* o *evitar vernos mal* respecto a lo que en realidad es verdad para nosotros, la inautenticidad aparece y ponemos en peligro lo que somos.

No nos gusta mucho pensar en nosotros mismos como inauténticos, pero vivimos en las sociedades actuales en las que el objetivo del juego es "hacerla", "encajar", "lucir bien", por lo que una gran cantidad de lo que pensamos y hacemos se conforma por una especie de compromiso cultural a ello. Ese arrastre o fuerza gravitacional es un fenómeno ontológico, no psicológico—es la *condición ya/siempre* de ser humano (un término que habla por sí mismo). Esta condición es ubicua—influye en todo: Cómo vemos y respondemos

83

a las situaciones, lo que nos interesa, lo que es importante para nosotros. Si bien podríamos pensar que estamos respondiendo en formas auténticas y verdaderas, lo que realmente sucede es que nuestras respuestas son esencialmente sólo una repercusión de esa *condición ya/siempre*. Y es contra esa fuerza de atracción–la enorme fuerza gravitacional de esa condición–que tratamos de ser auténticos.

Cuando transigimos, incluso en lo más pequeño, es más fácil que esas transigencias sean cada vez más comunes, empezamos a sentir como si hacer eso fuera una forma normal y correcta de comportarse. Con el tiempo, poco a poco, erosiona nuestro sentido de nosotros mismos. Es como mezclar una gota de pintura roja en una lata de color blanco. La pintura puede cambiar al tono más pálido de rosa, y si bien puede parecer apenas perceptible, sin importar lo que digamos al respecto, la pintura ya no es lo que era. Del mismo modo, cuando el estado entero y completo de *quienes somos* está en peligro de alguna manera, aunque sea imperceptible al principio, nuestro sentido de nosotros mismos se oscurece, haciendo más difícil volver a *quienes somos*. Cuando eso comienza, realmente no hay punto de partida para ser nosotros mismos, todo se está desgranando.

Ser auténtico requiere poner los aspectos de nuestras *formas de ser* actuales a prueba–dejar ir los pretextos, dejar que las cosas se manifiesten en nuevas formas, y reconocer cualquier inautenticidad que esté en juego. La *posibilidad* de ser plenamente nosotros mismos se produce en proporción con nuestro ser auténtico; dicho en otras palabras, se produce en proporción al grado que nos adueñemos de nuestras formas de ser inauténticas. Al no adueñarnos de éstas, esencialmente nos resignamos a que la inautenticidad pulule a nuestro alrededor. Vivir con una pretensión, o tener miedo de que algún aspecto de nosotros mismos pueda ser descubierto, disipa cualquier libertad real. Más bien, vivimos una especie de libertad fabricada, un precio alto a pagar.

Sartre decía que enfrentar la libertad de uno puede ser aterrador e incómodo, porque enfrentarla nos hace sentir inseguros, e inevitablemente produce cierto nivel de angustia. Por lo tanto, constantemente estamos tentados a vivir en la falta de autenticidad, pretendiendo ante nosotros mismos que no somos libres. Para mantener esta pretensión, tratamos de convencernos de que nuestras acciones están determinadas por nuestro carácter, nuestras circunstancias, nuestra naturaleza, o lo que sea. Lo último que queremos admitir es que nuestras acciones están determinadas sólo por nuestras elecciones libres, sin restricciones.[2]

Ser auténtico, salirse del remolino de la *condición ya/siempre*, requiere valor. El humorista Josh Billings, dijo, "Esta tarea no sólo es la cosa más difícil de hacer, también es la más inconveniente". Al ser auténtico, la *condición ya/siempre* se despoja de su poder y ya no es la fuerza determinante en conformar quienes somos. Aquí, el contexto de la pregunta "¿quién soy yo?" cambia de debatirse entre una forma de ser y otra, tratando de encontrarnos a nosotros mismos en *algún lugar allá afuera*, a un *contexto de creación*. Esto es más difícil, porque no hay espíritu de la época a leer, no hay plantilla a seguir, no hay camino conocido para el éxito. Es una pizarra en blanco. Es un tema de valor–un tema de *crear* posibilidad. Se va inventando a medida que avanzamos, y es este giro lo que pone a nuestra disposición la posibilidad completa de ser humano.

Notas finales

ENSAYO 1

1. Tomado de Philip Roth, *The Counterlife*. Nueva York: Farrar, Straus, Giroux, 1986.

ENSAYO 2

1. Tomado de Margaret Atwood, *The Tent*. Nueva York: Nan A. Talese/ Doubleday, 2006.

2. Kurt Vonnegut, *Deadeye Dick*. Nueva York: Dell, 1982.

ENSAYO 4

1. Glenn Stout, *Boston Baseball*, septiembre 2004.

2. Harry Eyres, "Tyranny of Choice," *Financial Times*, noviembre 2, 2007 (citando a José Ortega y Gasset, en su ensayo "La Misión del Bibliotecario").

ENSAYO 5

1. Tom Connor, "No Admittance," *Town & Country*, febrero, 2006.

Ensayo 7

1. Francis Spufford, *The Child That Books Built: A Life in Reading.* Nueva York: Picador, 2002.

2. Thomas A. Stewart, "Seeing Things," *Harvard Business Review,* febrero, 2008.

Ensayo 8

1. Richard P. Feynman, Ralph Leighton (contributor), y Edward Hutchings (editor), *"Surely You're Joking, Mr. Feynman!" (Adventures of a Curious Character).* Nueva York: W.W. Norton, 1985.

Ensayo 9

1. "Policía novato" historia tomada de Tom Robbins, *Wild Ducks Flying Backward: The Short Writings of Tom Robbins.* Nueva York: Bantam Books, 2005.

2. Kirk Varnedoe, "Entering the Software Century," *ARTnews,* septiembre, 1992.

3. Thomas Hoving, "Nothing Like This Picasso," *Los Angeles Times,* mayo 8, 2007.

4. Michael Kimmelman, "Picasso's 'Demoiselles d'Avignon,'" *New York Times,* mayo 6, 2007.

5. Jackie Wullschlager, "The day modern art was invented: Picasso's Demoiselles," *Financial Times,* enero 5, 2007.

Ensayo 10

1. David Sedaris (editor), "Introduction," *Children Playing Before a Statue of Hercules.* Nueva York: Simon & Schuster, 2005.

2. Tomado de Raymond Martin y John Barresi, *The Rise and Fall of Soul and Self: An Intellectual History of Personal Identity.* Nueva York: Columbia University Press, 2008.

88

Acerca de los Autores

NANCY ZAPOLSKI, PH.D., una excelente y muy solicitada oradora, ha dirigido programas para cientos de miles de personas y aporta más de 20 años de experiencia. Antes de unirse a Landmark, la Dra. Zapolski era docente y psicóloga clínica con práctica en la ciudad de Nueva York.

JOE DIMAGGIO, M.D. es el ejecutivo senior a cargo de investigación y desarrollo en Landmark Education, líder internacional en la industria de capacitación y desarrollo. Egresado de la Universidad de Yale y de la Facultad de Medicina de la Universidad de Connecticut, el Dr. DiMaggio ha desempeñado cargos en el Centro de Cáncer Memorial Sloan Kettering como investigador senior y como ejecutivo en la división del tratamiento del cáncer.

89

Acerca de Landmark

Landmark es un líder global en el campo de la capacitación y desarrollo, que ofrece cursos y seminarios que son innovadores, efectivos y pertinentes de inmediato. Los programas de Landmark están diseñados para lograr un giro fundamental o transformación en lo que es posible en la vida de las personas.

Un principio fundamental de la labor de Landmark es que las personas y las comunidades y organizaciones con las que nos involucramos tengan la posibilidad de no sólo tener éxito, sino también satisfacción y grandeza. Es con esta posibilidad con la que Landmark y su labor se han comprometido.

Para conocer más, visite
www.landmarkeducation.com
www.elforolandmark.com.